школа - skoro	2
падарожжа - koiri	5
транспарт - transport	8
горад - foto	10
краявід - landschap	14
рэстаран - restaurant	17
супермаркет - wenkri	20
напоі - dringi	22
ежа - nyan	23
сядзіба - burugron	27
дом - oso	31
жылы пакой - foroisi	33
кухня - botrali	35
ванная - was oso	38
дзіцячы пакой - pikin kamra	42
адзенне - krosi	44
офіс - kantoro	49
эканоміка - ekonomia	51
прафесіі - kari	53
інструменты - wrokosani	56
музычныя інструменты - poku sani	57
заапарк - meti dyari	59
спорт - sport	62
дзейнасць - aktifiteit	63
сям'я - famiri	67
цела - skin	68
шпіталь - ati oso	72
экстраная дапамога - nowtu	76
Зямля - grontapu	77
гадзіннік - oloisi	79
тыдзень - wiki	80
год - yari	81
формы - form	83
колеры - kloru	84
супрацьлегласці - difrenti	85
лічбы - nomru	88
мовы - den tongo	90
хто / што / як - suma / sang / fa	91
дзе - pe	92

Impressum
Verlag: BABADADA GmbH, Nedderfeld 112 , 22529 Hamburg
Geschäftsführer / Verlagsleitung: Harald Hof
Druck: Books on Demand GmbH, In de Tarpen 42, 22848 Norderstedt

Imprint
Publisher: BABADADA GmbH, Nedderfeld 112 , 22529 Hamburg, Germany
Managing Director / Publishing direction: Harald Hof
Print: Books on Demand GmbH, In de Tarpen 42, 22848 Norderstedt, Germany

школа
skoro

дзяліць — prati
дошка — bord
класны пакой — klas
школьны двор — skoro dyari
настаўнік — leriman
папера — papira
ручка — pen
пісаць — skrifi
пісьмовы стол — tafra
лінейка — lati
кніга — buku
вучань — studenti

ранец
skorotas

пенал
kisi

просты аловак
skriftiki

тачылка для алоўкаў
srapu

гумка
sisibi

альбом для малявання
prenki buku

малюнак
prenki

пэндзлік
kwasi

фарбы
ferfidosu

нажніцы
sisei

клей
gomma

сшытак
skrifbuku

хатняе заданне
skorowroko

лік
nomru

дадаваць
teri

адымаць
koti

множыць
vermenigvuldig

лічыць
teri

літара
brifi

алфавіт
alfabet

словы
wortu

школа - skoro

тэкст awortu	чытаць lesi	крэйда kreiti

ўрок yuru	класны журнал klasbuku	экзамен examen

атэстат skoropapira	школьная форма sem skoro krosi	адукацыя skoro

энцыклапедыя encyklopedie	універсітэт unifersiteit	мікраскоп mikroskoop
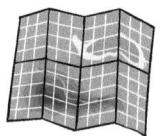		
карта karta	смеццевы кошык doti embre	

школа - skoro

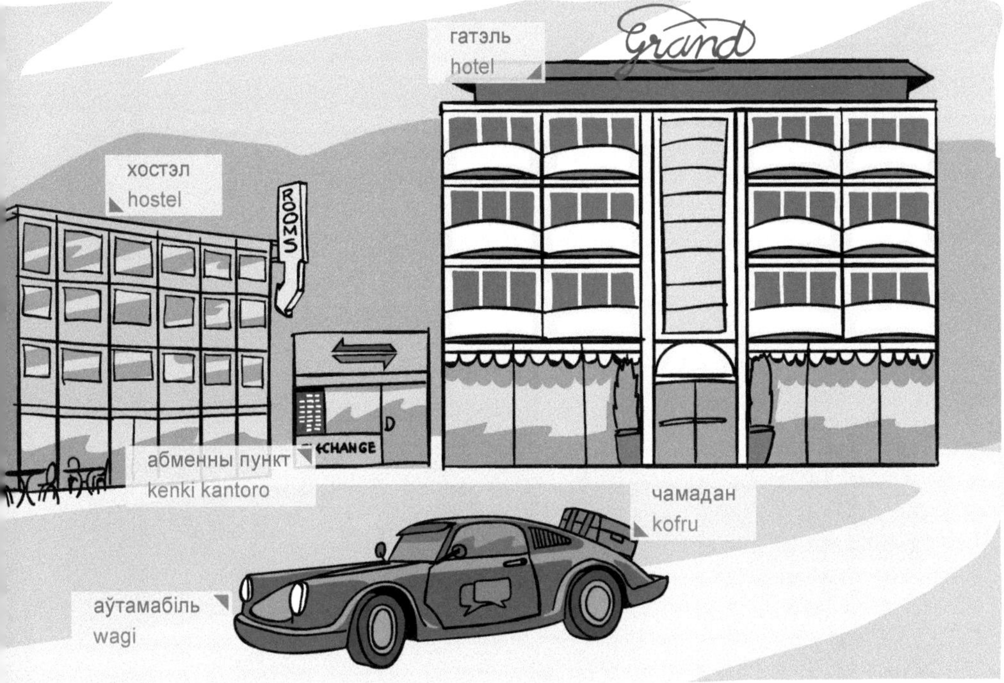

падарожжа
koiri

гатэль
hotel

хостэл
hostel

абменны пункт
kenki kantoro

чамадан
kofru

аўтамабіль
wagi

мова
tongo

так / не
ai / no

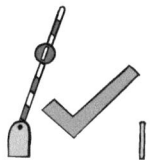

добра
afen

прывітанне!
Ei!

перекладчык
torku

дзякуй
Grantangi

Колькі каштуе....?
O meni...?

я не разумею
Mi ne ferstan

праблема
problema

Добры вечар!
Kuneti!

Добрай раніцы!
Morgu!

Дабранач!
Kuneti!

да пабачэння
Adyosi!

кірунак
beni

багаж
bagasi

сумка
tas

заплечнік
tas

госць
fisiti

пакой
kamra

спальны мяшок
sribi saka

палатка
tenti

рармацыя для турыстаў

reiskantoro

пляж

sekanti

крэдытная картка

kreditkarta

снеданне

mamanten nyanyan

абед

nyanyan

вячэра

nyanyan

праязны білет

karta

ліфт

lift

паштовая марка

stampu

мяжа

lanki

мытня

douane

пасольства

ambassade

віза

fisa

пашпарт

pasportu

падарожжа - koiri

транспарт
transport

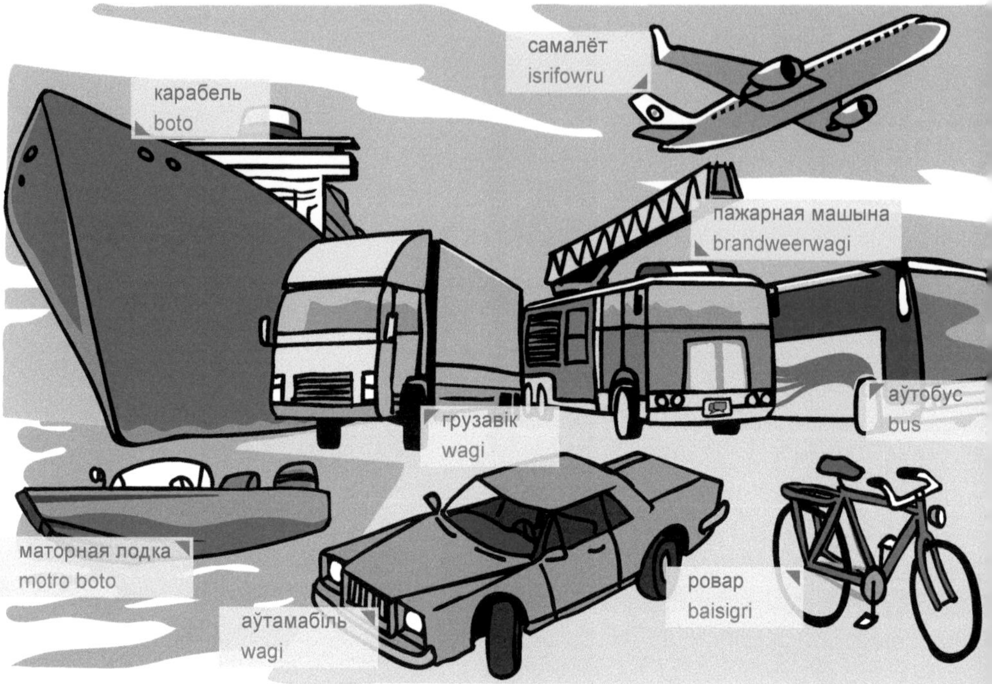

самалёт
isrifowru

карабель
boto

пажарная машына
brandweerwagi

аўтобус
bus

грузавік
wagi

маторная лодка
motro boto

ровар
baisigri

аўтамабіль
wagi

паром
pondo

лодка
boto

матацыкл
motro

паліцэйская машына
skowtu wagi

гоначны аўтамабіль
streilon wagi

арэндаваны аўтамабіль
yuru wagi

умеснае карыстанне аўтамабілем
wagi prati

эвакуатар
takelwagi

смеццявоз
doti wagi

матор
motro

паліва
oli

запраўка
oli pompu

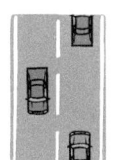
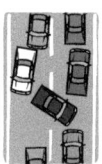

дарожны знак
ferkeermarki

дарожны рух
ferkeer

затор
reylo

паркоўка
parkeerpresi

чыгуначная станцыя
lokopresi

рэйкі
rail

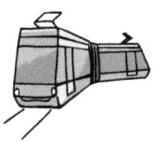

цягнік
loko

трамвай
loko

вагон
wagi

транспарт - transport

верталёт
helikopter

аэрапорт
opolangi

вежа
fortresi

пасажыр
pasasir

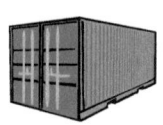
кантэйнер
kontainer

кардонная скрыня
doso

тачка
wagi

карзіна
baskita

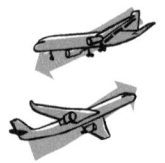
ўзлятаць / прызямляцца
opo go / saka

горад
foto

вёска
dorpu

цэнтр горада
fotosei

дом
oso

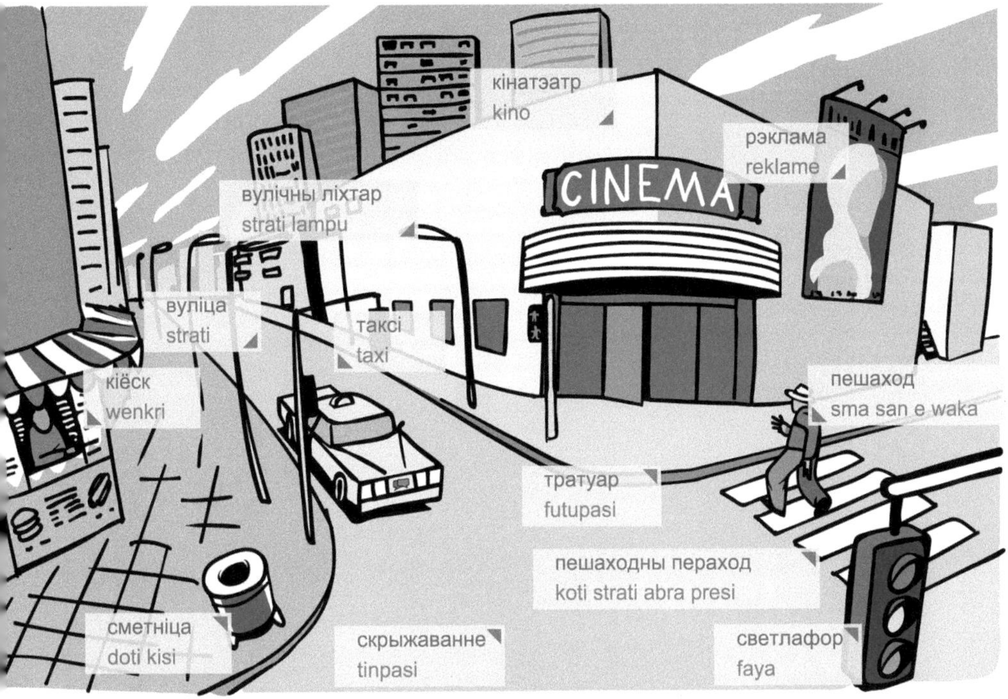

кінатэатр
kino

рэклама
reklame

вулічны ліхтар
strati lampu

вуліца
strati

таксі
taxi

пешаход
sma san e waka

кіёск
wenkri

тратуар
futupasi

пешаходны пераход
koti strati abra presi

сметніца
doti kisi

скрыжаванне
tinpasi

светлафор
faya

халупа
kampu

кватэра
oso

чыгуначная станцыя
lokopresi

ратуша
foto oso

музей
museum

школа
skoro

горад - foto

універсітэт
unifersiteit

банк
bangi

шпіталь
ati oso

гатэль
hotel

аптэка
apteiki

офіс
kantoro

кнігарня
buku winkri

крама
wenkri

кветкавая крама
bromki winkri

супермаркет
wenkri

кірмаш
wowoyo

універмаг
wowoyo

рыбная крама
fisi seri man

гандлевы цэнтр
bigi wenkri

порт
lanpresi

парк
park

лава
bangi

мост
broki

лесвіца
trapu

метро
fatyawagi

тунэль
ondrogron-strati

прыпынак
bushalte

бар
bar

рэстаран
restaurant

паштовая скрыня
brifibus

вулічны паказальнік
strati nen marki

паркамат
parkeer marki

заапарк
meti dyari

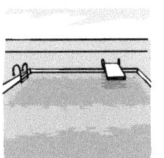

басейн
swen presi

мячэць
gado-oso

горад - foto

сядзіба
burugron

забруджванне навакольнага асяроддзя
doti sani

могілкі
berpe

царква
kerki

пляцоўка для гульні
prei presi

храм
gado-oso

краявід
landschap

ліст — wiwiri
паказальнік — pasi marki
дарога — pasi
луг — wei
камень — ston
дрэва — bon
падарожнік — koiri sma
рака — libi
трава — grasi
кветка — bromki

даліна
lagi presi

гара
lebriki

возера
fisi-olo

лес
busi

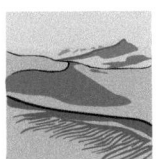

пустыня
dreisabana

вулкан
bergi

замак
ridder-oso

вясёлка
alenbo

грыб
todoprasoro

пальма
palmbon

камар
maskita

муха
freifrei

мурашка
mira

пчала
waswasi

павук
anansi

краявід - landschap

жук
asege

жаба
todo

вавёрка
bonboni

вожык
agidya

заяц
kon koni

сава
owru kuku

птушка
fowru

лебедзь
gansi

дзік
werder agu

алень
dia

лось
dia

плаціна
dan

вятрак
winti miri

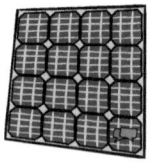
сонечная батарэя
son planga

клімат
weer

16   краявід - landschap

рэстаран
restaurant

афіцыянт
diniman

меню
nyankarta

крэсла
sturu

піца
pissa

суп
supu

абрус
tafra duku

сталовыя прыборы
nefi nanga forku

закуска
fesi nyanyan

другая страва
moro prenspari sortu nyan

дэсерт
switi sani

напоі
dringi

ежа
nyan

бутэлька
batra

рэстаран - restaurant

хуткае харчаванне (фаст-фуд)
fastfood

стрыт-фуд
strati nyanyan

імбрык (чайнік)
tépatu

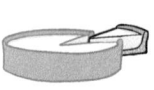

цукарніца
sukru patu

порцыя
krab'patu

эспрэса-машына
espressomasyin

дзіцячае крэселка
pikin sturu

рахунак
borgu

паднос
brakri

нож
nefi

відэлец
forku

лыжка
spun

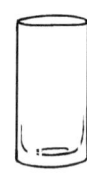

чайная лыжка
téspun

сурвэтка
servet

шклянка
grasi

рэстаран - restaurant

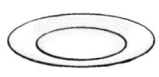

талерка	супавая талерка	сподак
preti	supu preti	skotriki

соус	сальніца	млынок для перцу
sowsu	sowtupatu	pepre miri

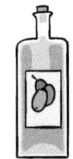

воцат	алей	спецыі
asin	oli	specerij

кетчуп	гарчыца	маянэз
ketchup	mosterd	mayonaise

супермаркет

wenkri

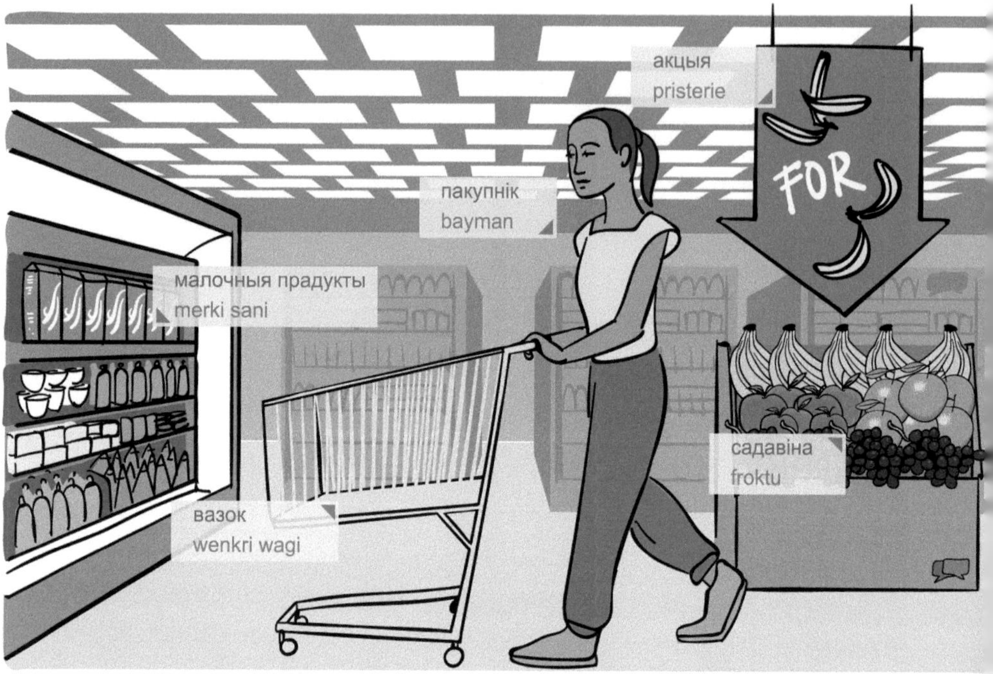

акцыя
pristerie
FOR
пакупнік
bayman
малочныя прадукты
merki sani
садавіна
froktu
вазок
wenkri wagi

BUTCHERS

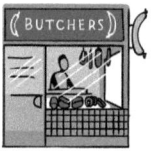

мясная крама

srakti-oso

BAKERY

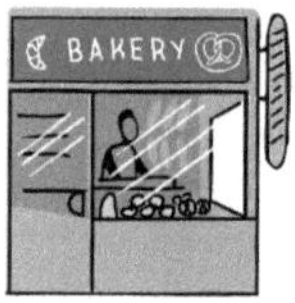

хлебны магазін

bakri-oso

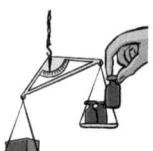

важыць

wegi

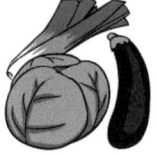

гароднiна

gruntu

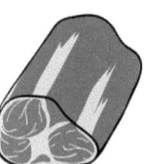

мяса

meti

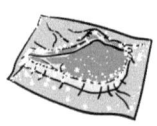

свежазамарожаныя прадукты

dijskasi sani

нарэзка
kowru meti

кансервы
blik nyan

пральны парашок
wasi sani

прысмакі
switi sani

хатнія прылады
oso sani

чысцячы сродак
sani fu krin

прадавец
seri sma

каса
kas

касір
kasman

спіс пакупак
bai marki

гадзіны працы
opo yuru

бумажнік
portmoni

крэдытная картка
kreditkarta

сумка
tas

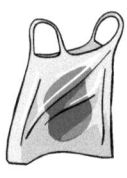
пакет
plastik saka

супермаркет - wenkri

напоі
dringi

вада
watra

сок
sap

малако
merki

кола
kola

віно
win

піва
biri

алкаголь
sopi

какава
skrati

гарбата (чай)
té

кава
kofi

эспрэса
espresso

капучына
kappuccino

ежа
nyan

банан
bakba

яблык
apra

апельсін
apresina

дыня
watramun

лімон
sitrun

морква
rutu

часнок
konofroku

бамбук
bambu

цыбуля
aiun

грыб
todoprasoro

арэхі
noto

локшына
pasta

спагеці	рыс	салата
spaghetti	alesi	salade

бульба фры	смажаная бульба	піца
patata	baka patata	pissa

гамбургер	бутэрброд	шніцаль
burger	brede	schnitsel

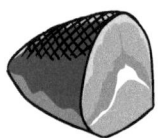

вяндліна	салямі	каўбаса
ameti	salami	worst

курыца	смажаніна	рыбак
kafowru	bakadina	fisi

ежа - nyan

аўсяныя камякі
hafermout

мюслі
muesli

кукурузныя шматкі
karuflakes

мука
blon lolo

круасан
croissant

булачка
brede

хлеб
brede

тост
baka brede

пячэнне
buskutu

масла
botro

тварог
kwark

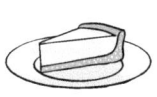
пірог
kuku

яйка
eksi

яечня
baka eksi

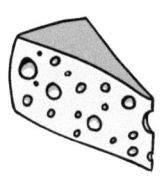
сыр
kasi

ежа - nyan

марожанае	цукар	мёд
ice-cream	sukru	oni

варэнне	нуга	кары
jam	sukruskrati pasta	kerrie

ежа - nyan

сядзіба
burugron

хата
wroko gron presi

цюк саломы
grasi bergi

хлеў
maksin

поле
gron

конь
asi

прычэп
aanhangwagi

жарабя
pikin asi

трактар
traktor

асёл
buriki

ягня
pikin skapu

авечка
skapu

каза

krabita

карова

kaw

цяля

pikin kaw

свіння

agu

парася

pikin agu

бык

burkaw

гусак
gansi

качка
doksi

кураня
pikin fowru

курыца
fowru

певень
kakafowru

пацук
alata

кот
puspusi

мыш
moismoisi

вол
burkaw

сабака
dagu

сабачая будка
dagu pen

садовы шланг
tuinslang

палівачка
watra kan

каса
nefi

плуг
pluga

сядзіба - burugron

серп
babun-nefi

матыка
tyapu

вілы для гною
forku

сякера
beyri

тачка
kroiwagi

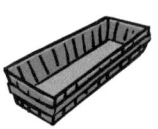

карыта
baki

бітон для малака
merki kan

мех
saka

плот
skotu

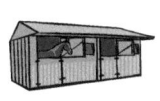

хлеў
pen

цяпліца
grun kasi

глеба
gron

насенне
siri

угнаенне
doti

камбайн
maaidorser

сядзіба - burugron

збіраць ураджай
koti

ураджай
nyanyan

ямс
yami

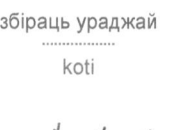
пшаніца
aleisi

соя
soja

бульба
patata

кукуруза
karu

рапс
koro siri

садовае дрэва
froktu bon

маніёк
kasaba

збожжа
siri

сядзіба - burugron

ДОМ
oso

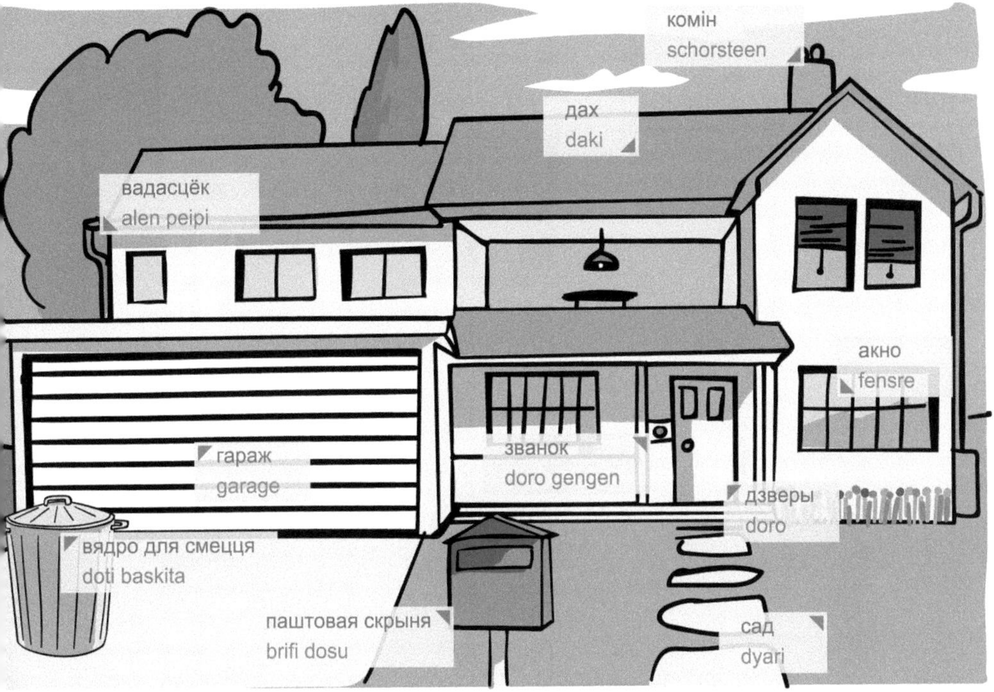

комін / schorsteen
дах / daki
вадасцёк / alen peipi
акно / fensre
гараж / garage
званок / doro gengen
дзверы / doro
вядро для смецця / doti baskita
паштовая скрыня / brifi dosu
сад / dyari

жылы пакой
foroisi

ванная
was oso

кухня
botrali

спальны пакой
sribikamra

дзіцячы пакой
pikin kamra

сталоўка
nyanyan kamra

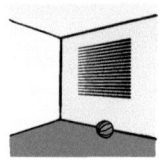
падлога
gron

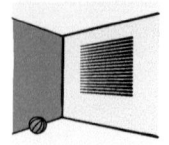
сцяна
skotu

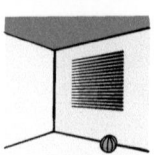
столь
plafon

падвал
kedre

саўна
sauna

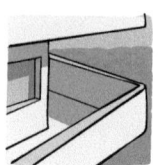
балкон
barkon

тэраса
terras

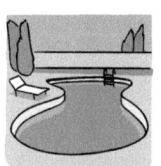
басейн
swen presi

касілка
waimasyin

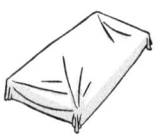
падкоўдранік
sribikrosi

коўдра
sribikrosi

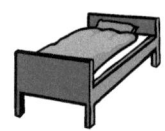
ложак
bedi

венік
sisibi

вядро
embre

выключальнік
san fu leti faya

жылы пакой
foroisi

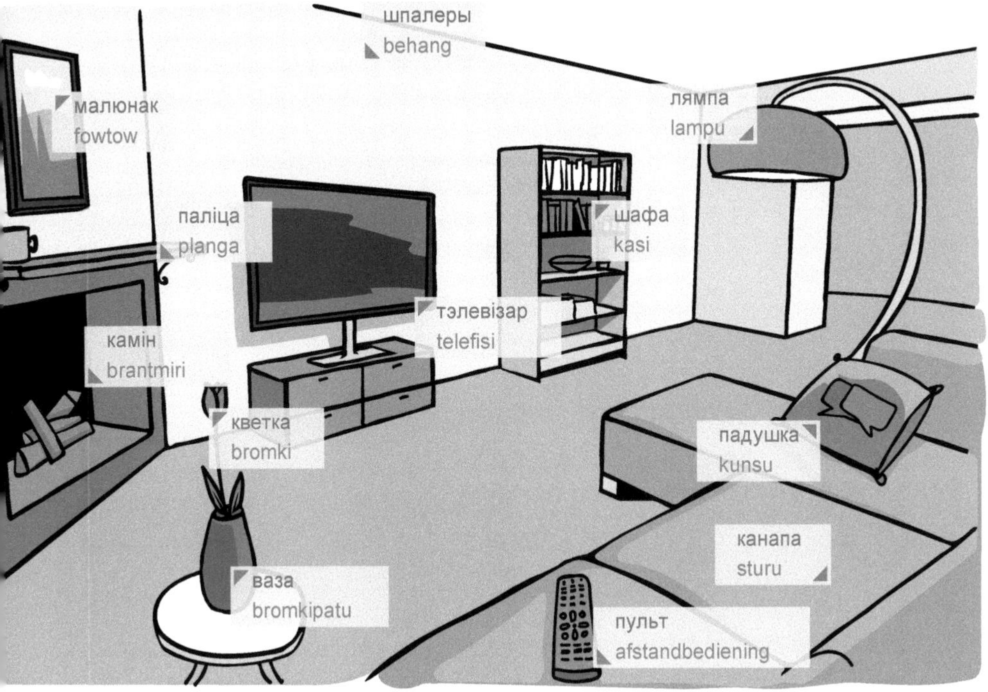

- шпалеры / behang
- малюнак / fowtow
- лямпа / lampu
- паліца / planga
- шафа / kasi
- камін / brantmiri
- тэлевізар / telefisi
- кветка / bromki
- падушка / kunsu
- ваза / bromkipatu
- канапа / sturu
- пульт / afstandbediening

дыван
matamata

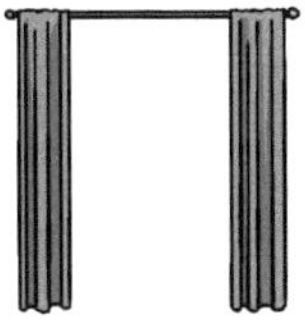

фіранка
garden

стол
tafra

крэсла
sturu

крэсла-качалка
boboisturu

крэсла
sturu

кніга
buku

коўдра
tapun

дэкарацыя
pranpran

дровы
udu

кіно
kino

стэрэасістэма
stereo- installatie

ключ
sroto

газета
koranti

карціна
skedrei

постар
poster

радыё
konkrudosu

нататнік
skrifi buku

пыласос
stofsuiger

кактус
kaktus

свечка
kandra

жылы пакой - foroisi

кухня
botrali

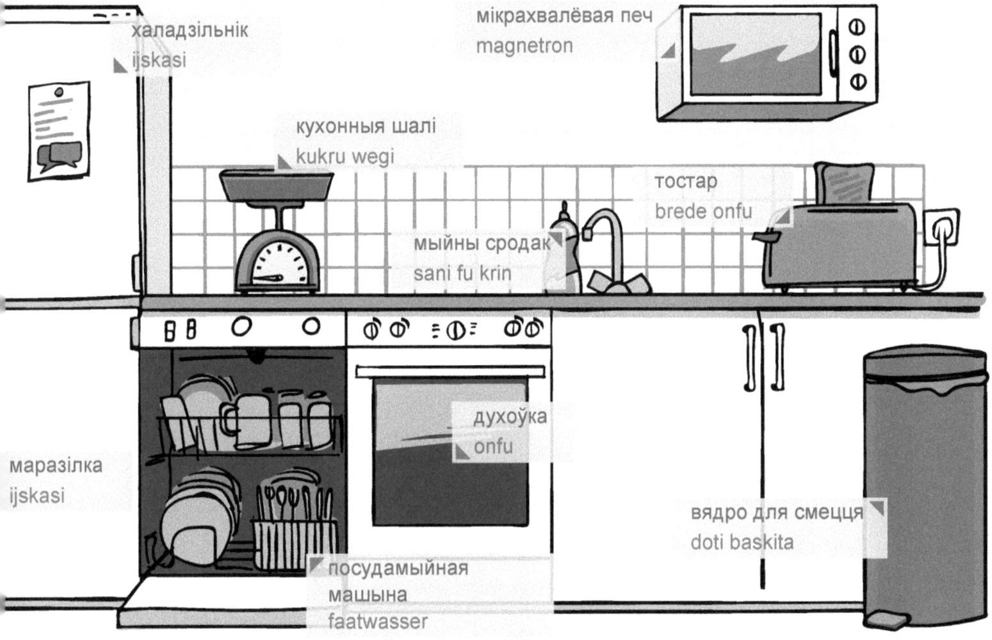

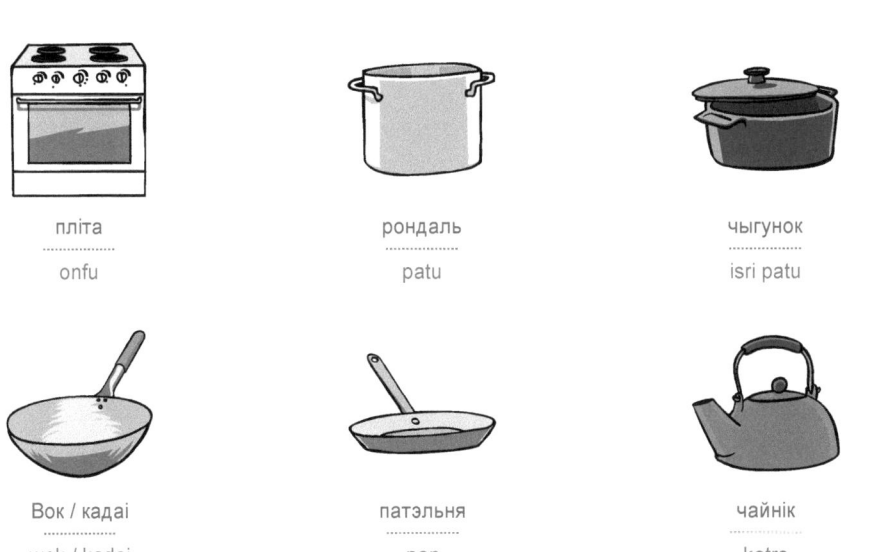

халадзільнік / ijskasi
мікрахвалёвая печ / magnetron
кухонныя шалі / kukru wegi
тостар / brede onfu
мыйны сродак / sani fu krin
маразілка / ijskasi
духоўка / onfu
вядро для смецця / doti baskita
посудамыйная машына / faatwasser

пліта — onfu

рондаль — patu

чыгунок — isri patu

Вок / кадаі — wok / kadai

патэльня — pan

чайнік — ketre

параварка
dampupatu

бляха
baka preti

посуд
tafra-sani

кубак
kan

міска
koba

палачкі для ежы
nyantiki

чарпак
supu spun

лапатачка
spatel

збівалка
klutser

сіта для варэння
fergiet

сіта
dorodoro

тарка
gritigriti

ступка
mortier

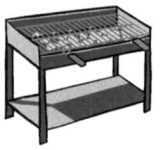

грыль
barbakoto

вогнішча
faya presi

дошка
koti planga

качалка
blon lolo

штопар
korkutreki

бляшанка
tromu

адкрывалка
knefi fu opo blik

прыхваткі
patu duku

ракавіна
wasibaki

шчотка
bosro

губка
sponsu

міксер
blender

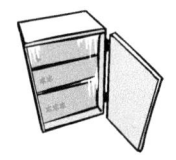
маразільная камера
ijskasi

бутэлечка
beibi batra

вадаправодны кран
kran

кухня - botrali

ванная
was oso

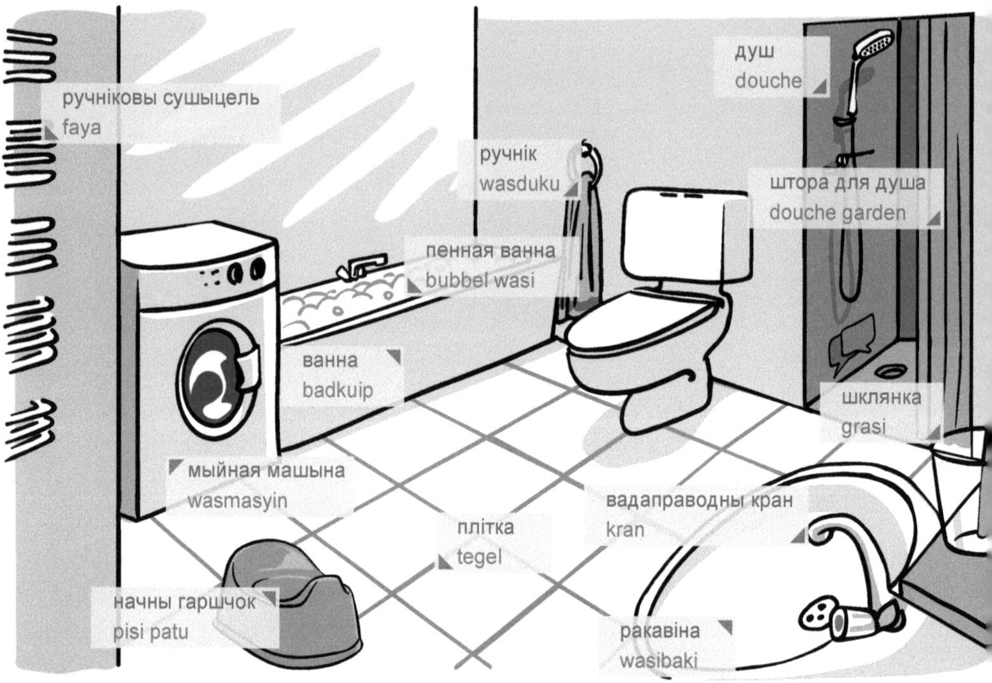

- душ / douche
- ручніковы сушыцель / faya
- ручнік / wasduku
- штора для душа / douche garden
- пенная ванна / bubbel wasi
- ванна / badkuip
- шклянка / grasi
- мыйная машына / wasmasyin
- плітка / tegel
- вадаправодны кран / kran
- начны гаршчок / pisi patu
- ракавіна / wasibaki

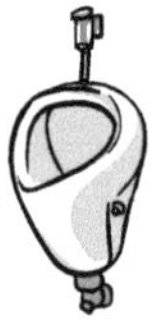

туалет	падлогавы ўнітаз	бідэ
kumakoisi	kumakoisi	bidet

пісуар	туалетная папера	шчотка для чысткі ўнітаза
pisi presi	kumakoisi papira	kumakoisi bosro

зубная шчотка

tifi bosro

зубная паста

tandpasta

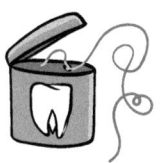

зубная нітка

floss

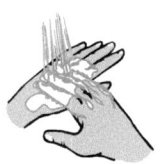

мыць

wasi

ручны душ

douche

інтымны душ

kumakoisi douche

умывальнік

was koba

шчотка для спіны

baka bosro

мыла

sopo

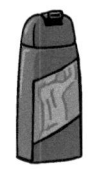

гель для душа

douchegel

шампунь

sopo

вяхотка

was krosi

вадасцёк

afvoer

крэм

krème

дэзадарант

okselstik

ванная - was oso

люстэрка

spikri

касметычнае люстэрка

moimoi fu fesi spikri

станок для галення

sebinefi

пена для галення

sebiskuma

ласьён пасля галення

aftershave

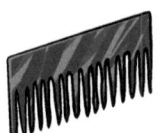

грэбень

kankan

шчотка

bosro

фен

wiri drei masyin

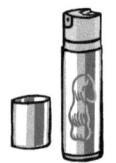

лак для валасоў

wirispray

касметыка

moimoi fu fesi

памада

lippenstift

лак для пазногцяў

nangra ferfi

вата

katun

манікюрныя нажніцы

nangra sey

духі

switi smeri

касметычка — tas gi krin sani

табурэтка — kroku

вагі — wegi

 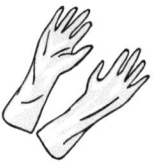 

лазневы халат — was dyaki

санітарныя пальчаткі — handschoen fu krin

тампон — tampon

 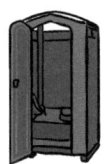

гігіенічныя пракладкі — munduku

біятуалет — kumakoisi

дзіцячы пакой
pikin kamra

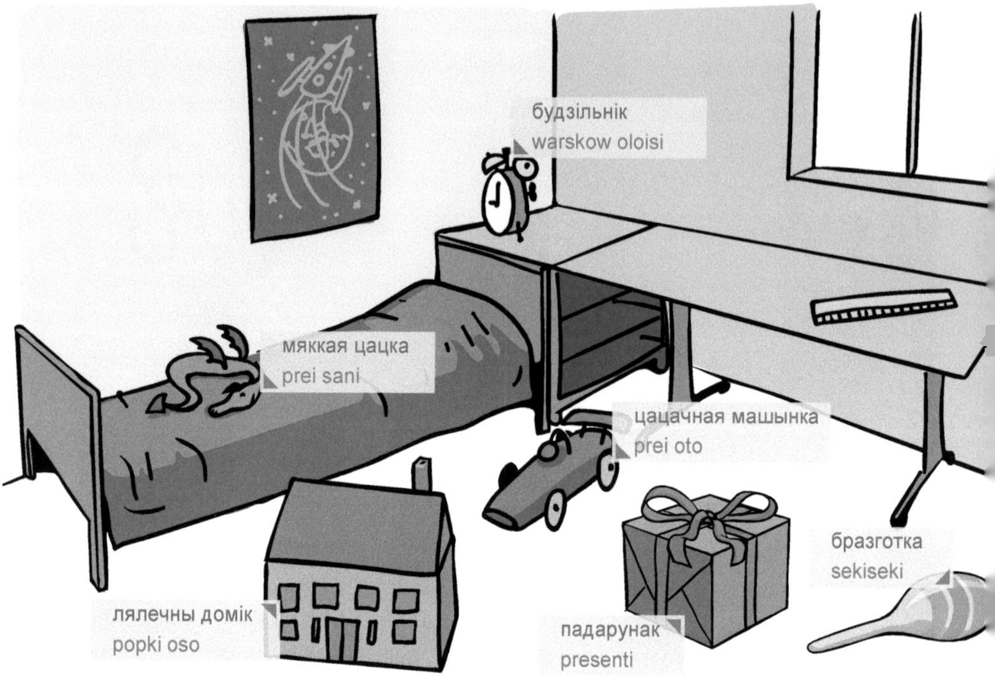

будзільнік
warskow oloisi

мяккая цацка
prei sani

цацачная машынка
prei oto

бразготка
sekiseki

лялечны домік
popki oso

падарунак
presenti

надзіманы шарык

ballon

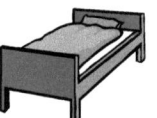

ложак

bedi

дзіцячая каляска

beibiwagi

калода картаў

paki karta

пазл

laytori

комікс

strip torie

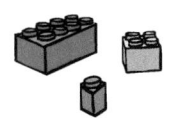
канструктар "Лега"
lego ston

канструктар
prei sani

экшэн-фігурка
aktiefiguurtje

дзіцячы гарнітур
beibikrosi

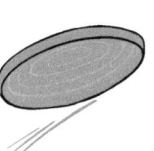
фрызбі
frisbee

дзіцячы мабіль
mobile

настольная гульня
prei tapu bord

кубік
prei ston

дзіцячая чыгунка
prei sani loko

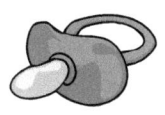
пустышка
bobimofo

дзіцячае свята
fesa

кніга з малюнкамі
prenki buku

мячык
bal

лялька
popki

гуляцца
prei

дзіцячы пакой - pikin kamra

пясочніца
santi baki

арэлі
boboisturu

цацкі
preisani

гульнявая відэа прыстаўка
prei komputer

трохколавы ровар
baysigri

плюшавы мішка
prei sani

шафа
krosi kasi

адзенне
krosi

шкарпэткі
kowsu

панчохі
kowsu

калготкі
kowsu

 бодзі skin	 штаны bruku	 джынсы jeansbruku
 спадніца koto	 блузка blus	 кашуля empi
 джэмпер empi	 талстоўка dyaki	 блэйзер djakti
 куртка dyakti	 паліто alendyakti	 дажджавік alendyakti
 касцюм paki	 сукенка yapon	 вясельная сукенка trowyapon

адзенне - krosi

касцюм
paki

начная сарочка
sribikrosi

піжама
sribikrosi

сары
sari

хустка
angisa

цюрбан
tulband

паранджа
burka

каптан
kaftan

Абая
abaya

купальнік
swenkrosi

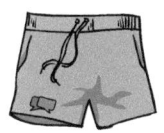
плаўкі
swenbruku

шорты
syatu bruku

спартыўны касцюм
training paki

фартух
feskoki

пальчаткі
handschoen

адзенне - krosi

гузік
knopo

акуляры
aygrasi

бранзалет
anubuy

каралі
keti

кальцо
linga

завушніца
yesilinga

кепка
ati

вешалка
krosi anga

капялюш
ati

гальштук
tay

маланка
rits

шлем
feti musu

падцяжкі
bretel

школьная форма
sem skoro krosi

уніформа
sem krosi

адзенне - krosi

нагруднік
slabbetje

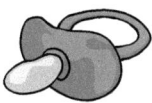
пустышка
bobimofo

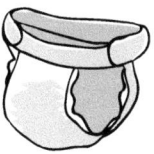
падгузнік
pisiduku

офіс
kantoro

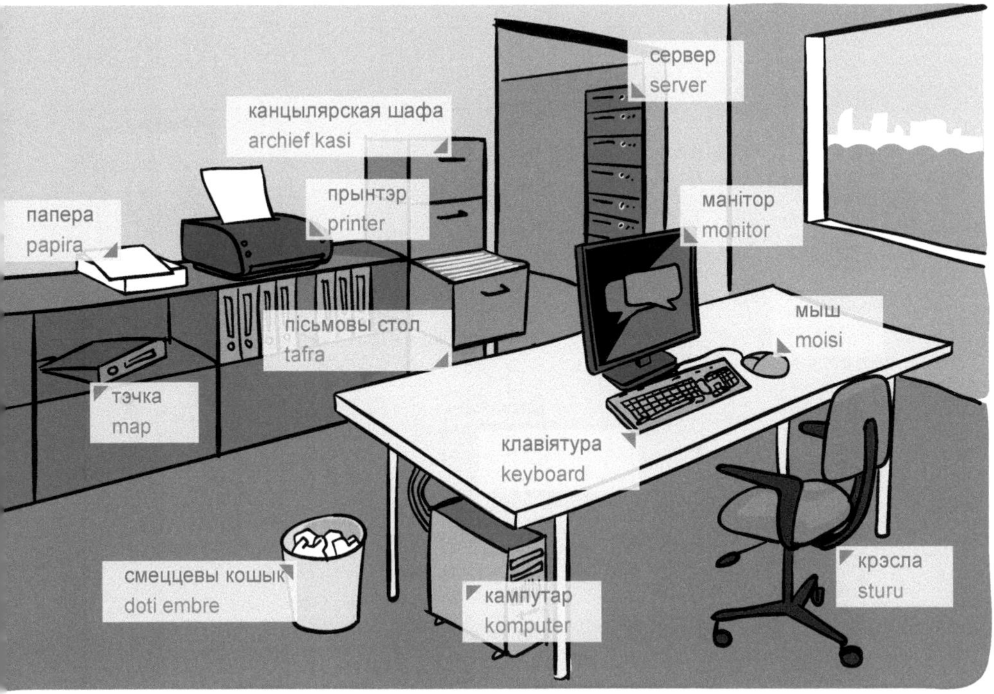

сервер / server

канцылярская шафа / archief kasi

прынтэр / printer

манітор / monitor

папера / papira

пісьмовы стол / tafra

мыш / moisi

тэчка / map

клавіятура / keyboard

смеццевы кошык / doti embre

кампутар / komputer

крэсла / sturu

ак для кавы (філіжанка)
kofi kan

калькулятар
kalkulator

інтэрнэт
internet

ноўтбук
laptop

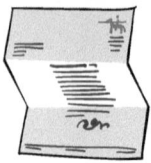
ліст
brifi

паведамленне
boskopu

мабільны тэлефон
konkrutitei

сетка
neti

ксеракс
kopi masyin

праграмнае забеспячэнне
software

тэлефон
konkrutitei

разетка
stopkontakt

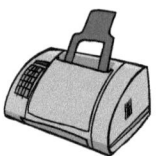
факс
fax masyin

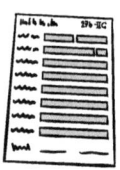
фармуляр
formulier

дакумент
papira

офіс - kantoro

эканоміка
ekonomia

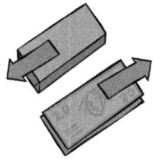
купляць
bai

плаціць
pai

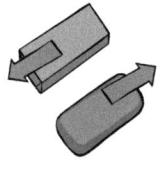
гандляваць
du

грошы
moni

долар
dollar

еўра
euro

ена
yen

рубель
rubel

франк
frank

кітайскі юань
renminbi yuan

рупія
rupie

банкамат
monimasyin

абменны пункт
kenki kantoro

золата
gowtu

срэбра
solfru

нафта
oli

энергія
krakti

цана
prijs

кантракт
kontrakti

падатак
lantimoni

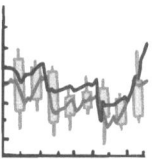

акцыя
pisi

працаваць
wroko

служачы
wrokoman

працадаўца
wrokobasi

фабрыка
fabrik

крама
wenkri

эканоміка - ekonomia

прафесіі
kari

паліцыянт
skowtu

пажарны
brandweerman

кухар
boriman

доктар
datra

пілот
piloot

садоўнік

djariman

слесар

temreman

швачка

modist

суддзя

krutubasi

хімік

scheikunde sma

артыст

akteur

кіроўца аўтобуса
sjafeur

таксіст
taximan

рыбак
fisiman

прыбіральшчыца
krinsma

страхар
dakitapu man

афіцыянт
diniman

паляўнічы
ontiman

мастак
ferfiman

пекар
bakriman

электрык
elektrikman

будаўнік
bow-wroko man

інжынер
ensjinoru

мяснік
sraktiman

сантэхнік
loodgieter

паштальён
postbode

прафесіі - kari

салдат
srudati

архітэктар
architekt

касір
kasman

фларыст
bromkisma

цырульнік
seti sma wiri man

кандуктар
kondukteur

механік
monteur

капітан
kapten

стаматолаг
tifidatra

вучоны
sabiman

рабін
Dyu domri

імам
Moslim domri

манах
moniki

святар
priester

інструменты
wrokosani

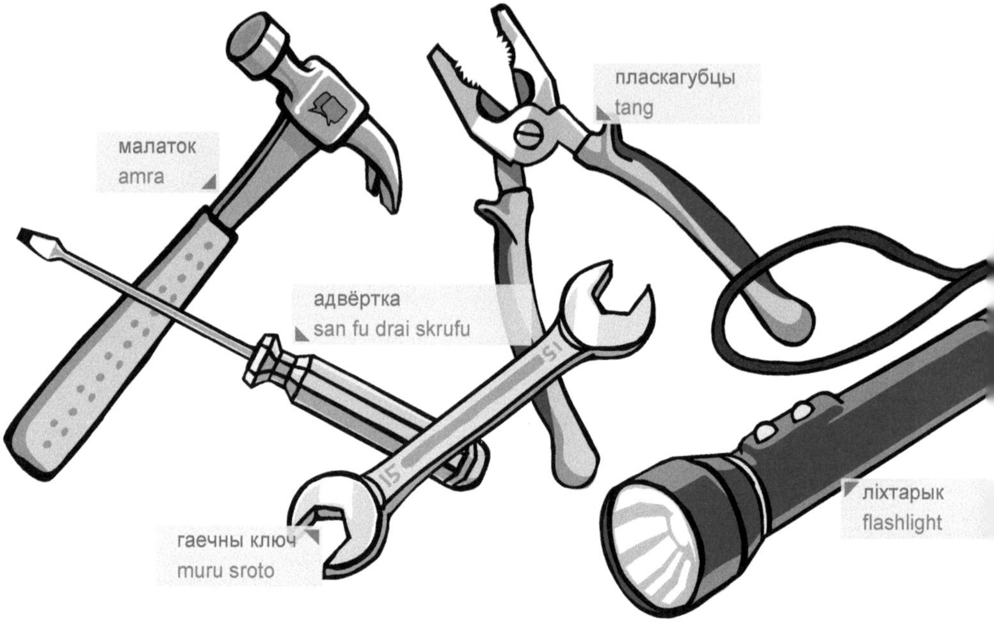

пласкагубцы
tang

малаток
amra

адвёртка
san fu drai skrufu

ліхтарык
flashlight

гаечны ключ
muru sroto

экскаватар
dikimasyin

скрыня для інструментаў
wrokosani kisi

дравіны
trapu

піла
sa

цвікі
spikri

дрыль
boro

рамантаваць
meki

рыдлеўка
skepi

Халера!
Baya!

шуфлік для смецця
stofblik

вядро з фарбаю
ferfi patu

балты
skrufu

музычныя інструменты
poku sani

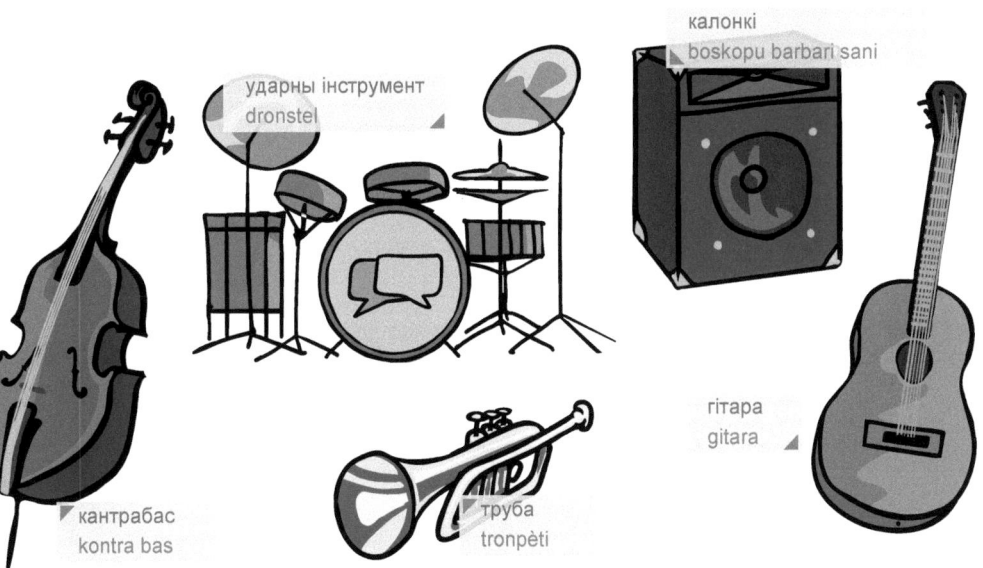

калонкі
boskopu barbari sani

ударны інструмент
dronstel

гітара
gitara

кантрабас
kontra bas

труба
tronpèti

піяніна
piano

скрыпка
finyoro

басгітара
bas

літаўры
pauk

барабан
dron

клавішны электрамузычны інструмент
keyboard

саксафон
saxofon

флейта
froiti

мікрафон
mikrofon

музычныя інструменты - poku sani

заапарк
meti dyari

- тыгр / tigri
- уваход / mofodoro
- клетка / pen
- зебра / sabanaburiki
- корм для жывёл / meti nyan
- панда / panda

жывёлы
meti

слон
asaw

кенгуру
kangeru

насарог
neushoorn

гарыла
gorilla

мядзведзь
beer

заапарк - meti dyari

вярблюд
kameri

стравус
stroisifowru

леў
lew

малпа
monki

фламінга
korikori

папугай
popokai

белы мядзведзь
ijsbeer

пінгвін
pinguïn

акула
sarki

паўлін
prodokaka

змяя
sneki

кракадзіл
kaiman

наглядчык заапарка
sma san e sorgu meti

цюлень
sedagu

ягуар
penitigri

заапарк - meti dyari

поні
pikin asi

леапард
penitigri

бегемот
watrabofru

жыраф
giraf

арол
aka

дзік
werder agu

рыбак
fisi

чарапаха
sekrepatu

морж
walrus

ліса
sabanadagu

газель
dia

заапарк - meti dyari

спорт
sport

маць
abi

выконваць
dati

быць
de

стаяць
tnapu

бегчы
lon

цягнуць
hari

кідаць
trowe

падаць
fadon

ляжаць
lei

чакаць
wakti

насіць
tyari

сядзець
sidon

апранацца
weri

спаць
sribi

прачынацца
wiki

дзейнасць - aktifiteit

глядзець

luku

плакаць

krei

лашчыць

korikori

прычэсвацца

kan

гаварыць

taki

разумець

ferstan

пытаць

aksi

чуць

arki

піць

dringi

есці

nyanyan

прыбіраць

krin

кахаць

lobi

гатаваць

bori

ехаць

rei

лятаць

frei

дзейнасць - aktifiteit

плаваць пад ветразем

seiri

лічыць

teri

чытаць

lesi

вучыць

leri

працаваць

wroko

уступаць у шлюб

trow

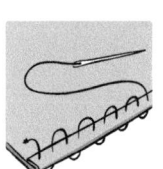

шыць

nai

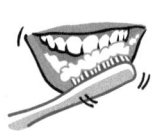

чысціць зубы

krintifi

забіваць

kiri

курыць

smoko

пасылаць

seni

дзейнасць - aktifiteit

сям'я
famiri

бабуля / granmama
дзядуля / granpapa
бацька / papa
маці / mama
дзіця / beibi
дачка / umapikin
сын / manpikin

госць
fisiti

цётка
tanta

дзядзька
omu

брат
brada

сястра
sisa

сям'я - famiri

цела
skin

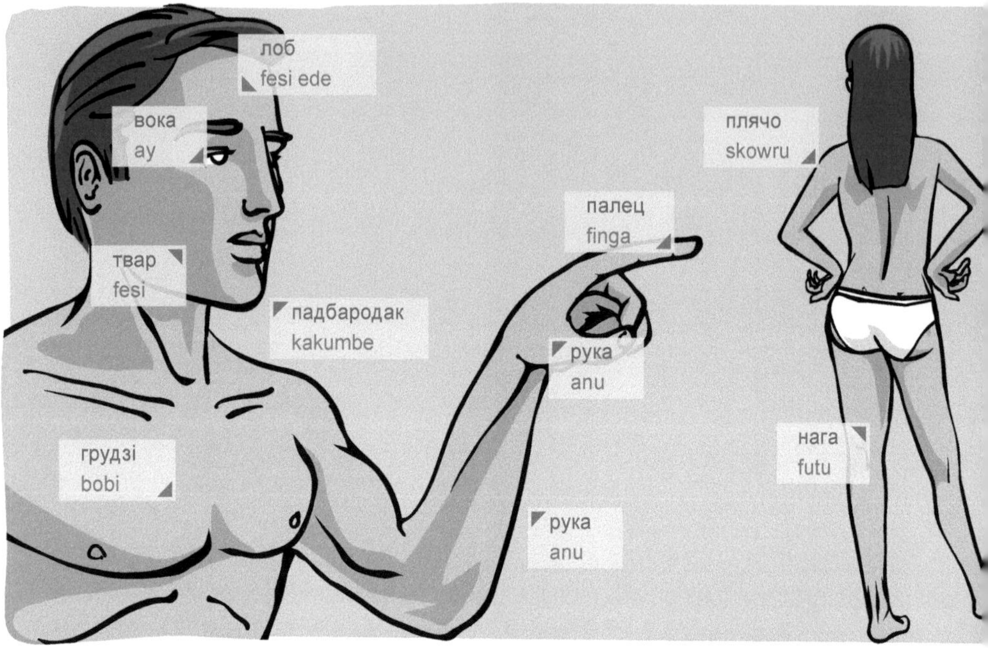

- лоб / fesi ede
- вока / ay
- твар / fesi
- грудзі / bobi
- падбародак / kakumbe
- палец / finga
- рука / anu
- плячо / skowru
- нага / futu
- рука / anu

дзіця
beibi

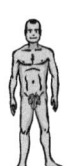

мужчына
man

жанчына
uma

дзяўчынка
uma pikin

хлопчык
boi

галава
ede

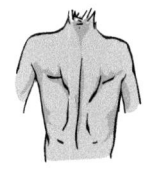	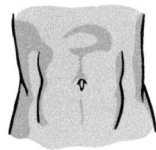	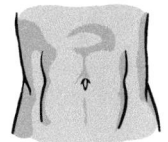
спіна baka	жывот bere	пуп kumba
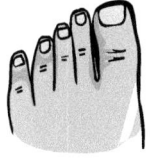	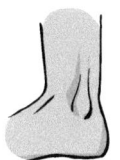	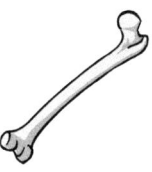
палец нагі futufinga	пятка bakafutu	костка bonyo
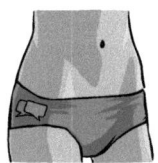		
бядро djonku	калена kindi	локаць baka anu
	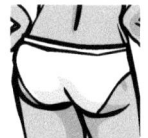	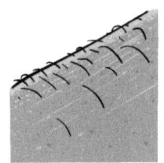
нос noso	ягадзіца bakasei	скура skin
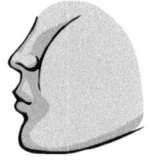	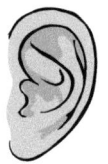	
шчака seifesi	вуха yesi	губа mofobuba

цела - skin

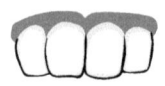
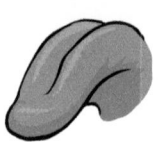

рот	зуб	язык
mofo	tifi	tongo

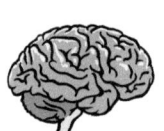
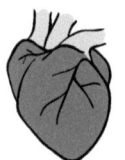

галаўны мозг	сэрца	мышца
ede tonton	ati	titei

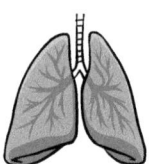

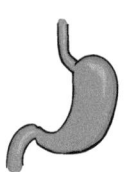

лёгкае	пячонка	страўнік
fokofoko	lefre	bere

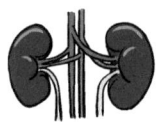

ныркі	сэкс	прэзерватыў
niri	freiri	pipikowsu

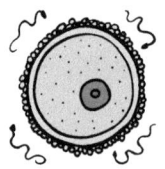

яйцаклетка	сперма	цяжарнасць
eksi	siri	bere

цела - skin

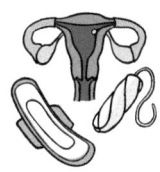
менструацыя
munsiki

похва
umapresi

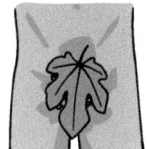
пеніс
toli

брыво
atapu-ay-wiwiri

валасы
wiwiri

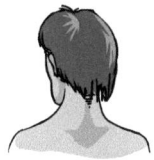
шыя
neki

цела - skin

шпіталь
ati oso

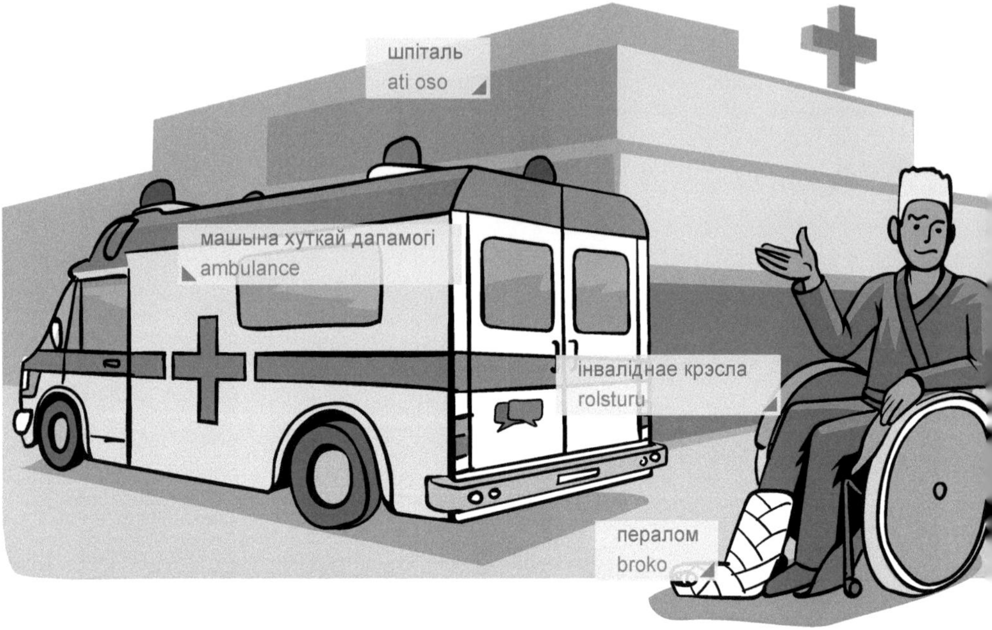

шпіталь
ati oso

машына хуткай дапамогі
ambulance

інвалідная крэсла
rolsturu

пералом
broko

доктар
datra

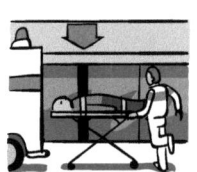

аддзяленне першай дапамогі
EHBO

медсястра
suster

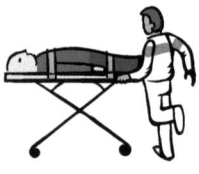

экстраная дапамога
nowtu

непрытомны
flaw

боль
pen

траўма
soro

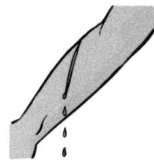
крывацёк
brudu

інфаркт
ati siki

апаплексія
bururtu

алергія
trefu

кашаль
koso

гарачка
kortsu

грып
griep

панос
lusu bere

галаўны боль
ede-ati

рак
takrusiki

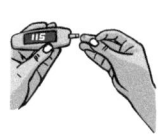
дыябет
sukru

хірург
chirurg

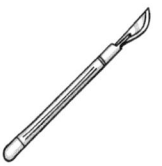
скальпель
skalpel

аперацыя
operâsi

шпіталь - ati oso

КТ
CT

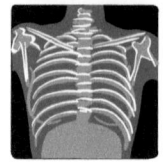
рэнтген
röntgen

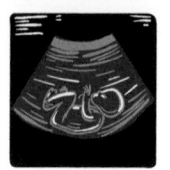
ультрагук
echo

маска
fesi maskradu

хвароба
siki

пачакальня
wakti kamra

мыліца
kroku

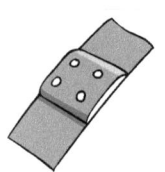
пластыр
duku

бінт
duku

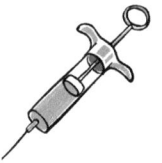
ін'екцыя
spoiti

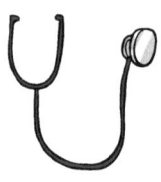
стэтаскоп
stethoskoop

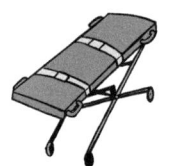
насілкі
brandkard

градуснік
temperatuur marki

нараджэнне
gebore

лішняя вага
fatu

шпіталь - ati oso

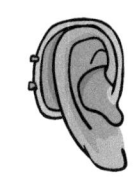
слухавы апарат
masyin fu yere

дэзінфекцыйны сродак
sani fu krin

інфекцыя
dyomposiki

вірус
firus

ВІЧ/СНІД
HIV / AIDS

лекі
dresi

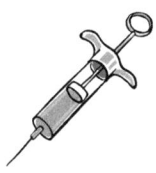
прышчэпка
faksinasi

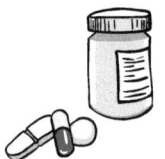
таблеткі
perki

супрацьзачаткавая таблетка
perki

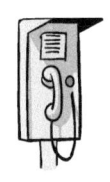
экстраны выклік
nowtu nomru

танометр
brudu marki

хворы / здаровы
siki / gesontu

шпіталь - ati oso

экстраная дапамога
nowtu

Ратуйце!
Yepi!

сігналізацыя
warskow

напад
feti

атака
feti

небяспека
ogri

аварыйны выхад
a nowtu doro

Пажар!
Faya!

вогнетушыцель
fayakiri sani

аварыя
mankeri

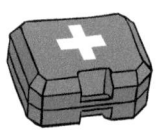

аптэчка
EHBO-kofru

COC
SOS

паліцыя
skowtu

Зямля
grontapu

Еўропа

Bakrakondre

Паўночная Амерыка

Opo-Amerkan

Паўднёвая Амерыка

Suid-Amerkan

Афрыка

Afrika

Азія

Asi

Аўстралія

Australia

Атлантычны акіян

Atlantis Se

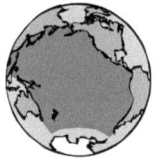

Ціхі акіян

Tan tiri Se

Індыйскі акіян

Indisch Se

Уднёвы ледавіты акіян

Suidsei Se

Паўночны ледавіты акіян

Noordsei Se

Паўночны полюс

Noordsei

Паўднёвы полюс

Suidsei

Антарктыда

Antartika

Зямля

grontapu

краіна

kondre

мора

se

востраў

eilanti

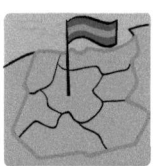

нацыя

nâsi

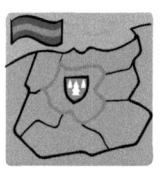

дзяржава

lanti

гадзіннік
oloisi

цыферблат
oloisi fesi

гадзінная стрэлка
yuru sori

хвілінная стрэлка
miniti sori

секундная стрэлка
sekonde sori

Колькі часу?
O lati a de?

дзень
dey

час
ten

зараз
now

электронны гадзіннік
oloisi

хвіліна
miniti

гадзіна
yuru

тыдзень
wiki

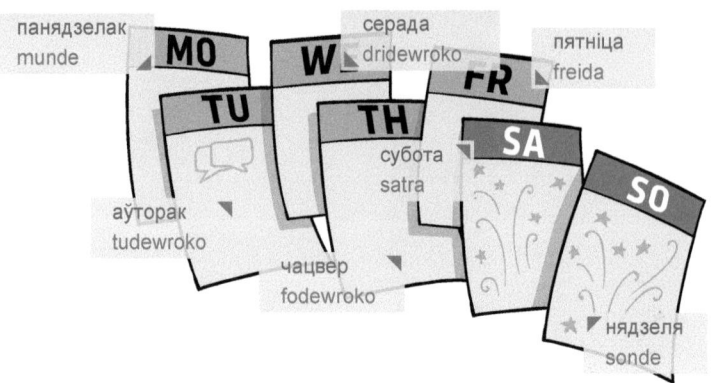

панядзелак — munde
серада — dridewroko
пятніца — freida
аўторак — tudewroko
субота — satra
чацвер — fodewroko
нядзеля — sonde

ўчора
esde

сёння
tide

заўтра
tamara

раніца
mamanten

абед
bakadina

вечар
neti

працоўныя дні
den wrokodei

выхадныя
weekend

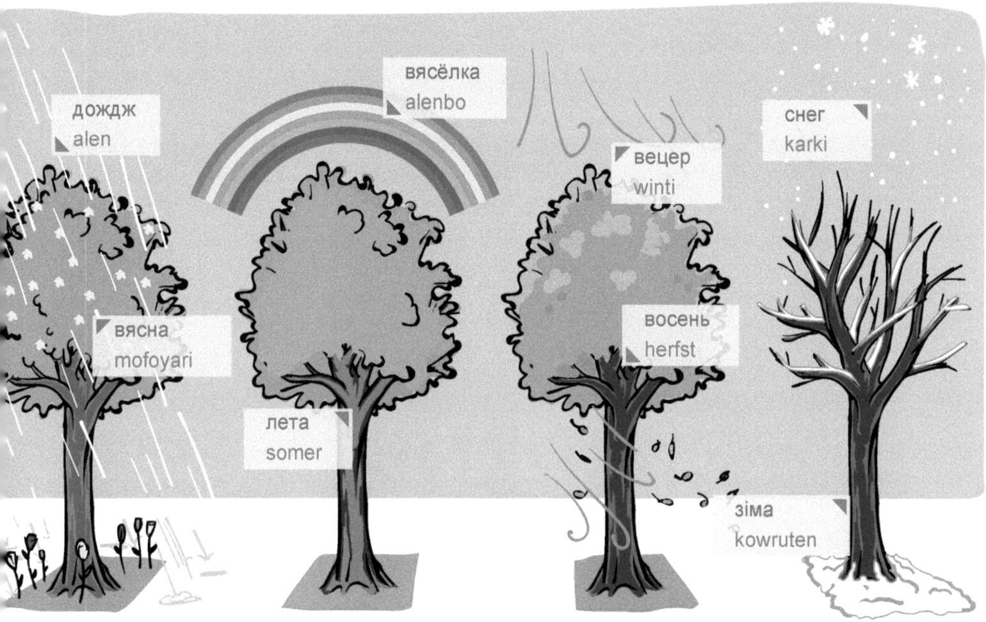

год
yari

дождж / alen
вясёлка / alenbo
вецер / winti
снег / karki
вясна / mofoyari
лета / somer
восень / herfst
зіма / kowruten

прагноз надвор'я
taki fu a weer

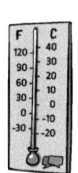

градуснік
thermometer

сонечнае святло
skèin fu a son

воблака
wolku

туман
dow

вільготнасць паветра
loktu foktu

маланка
faya

гром
dondru

бура
sekiwatra

град
agra

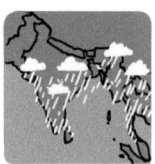
мусонны вецер
bigi skwala

прыліў
frudu

лёд
èisi

студзень
januari

люты
februari

сакавік
maart

красавік
april

май
mei

чэрвень
juni

ліпень
juli

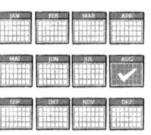
жнівень
augustus

верасень
september

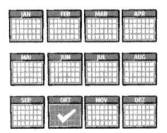
кастрычнік
oktober

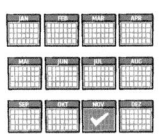
лістапад
nofember

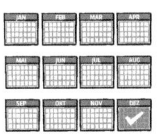
снежань
december

формы
form

круг
lontu

квадрат
fokanti

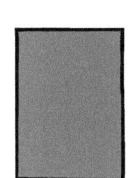
прамавугольнік
fokanti naga langa sei

трохвугольнік
dri-uku

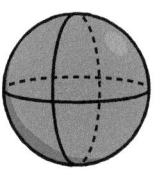
шар
lontu

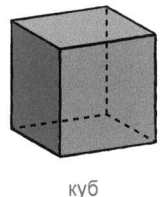
куб
kubus

колеры
kloru

белы
witi

жоўты
geri

аранжавы
alanya

ружовы
ròs

чырвоны
redi

фіялетавы
lila

сіні
blaw

зялёны
grun

карычневы
broin

шэры
grei

чорны
blaka

супрацьлегласці
difrenti

шмат / мала
tumsi / wanwan

злы / добры
atibron / tiri

прыгожы / брыдкі
moi / takru

пачатак / канец
begin / kba

высокі / малы
bigi / ptyin

светлы / цёмны
lekti / dungru

сястра / брат
brada / sisa

чысты / брудны
krin / doti

поўны / няпоўны
krinkrin / no bun nofo

дзень / ноч
dei / neti

мёртвы / жывы
dede / libi

шырокі / вузкі
bradi / smara

ядомы / неядомы	злы / добры	узбуджаны / нудны
kan nyan / no kan nyan	takru / bun	prisiri / ferferi

тоўсты / тонкі	першы / апошні	сябар / вораг
fatu / fini	fosi / lasti	mati / feyanti

поўны / пусты	цвёрды / мяккі	важкі / лёгкі
furu / leigi	tranga / safu	hebi / lekti

голад / смага	хворы / здаровы	нелегальны / легальны
angri / dreineki	siki / gesontu	no gi pasi / tru

разумны / дурны	левы / правы	побач / далёка
koni / don	kruktu / leti	gi / fara

супрацьлегласці - difrenti

ы / былы ва ўжыванні
nyun / owru

нічога / нешта
noti / wan sani

стары / малады
owru / jongu

укл / выкл
leti / tapu

адчынены / зачынены
opo / tapu

ціхі / гучны
safu / tranga

багаты / бедны
gudu / poti

правільна / няправільна
bun / fowtu

шурпаты / гладкі
grofu / grati

сумны / шчаслівы
sari / breiti

кароткі / доўгі
shatu / langa

павольны / хуткі
loli / esi-esi

вільготны / сухі
nati / drei

цёплы / халаднаваты
warang / kowru

вайна / мір
feti / freide

лічбы
nomru

0
нуль
noti

1
адзін
wan

2
два
tu

3
тры
dri

4
чатыры
fo

5
пяць
feifi

6
шэсць
siksi

7
сем
seibi

8
восем
aiti

9
дзевяць
neigi

10
дзесяць
tin

11
адзінаццаць
erfu

12 дванаццаць
twarfu

13 трынаццаць
tin-na-dri

14 чатырнаццаць
tin-na-fo

15 пятнаццаць
tin-na-feifi

16 шаснаццаць
tin-na-siksi

17 сямнаццаць
tin-na-seibi

18 васямнаццаць
tin-na-aiti

19 дзевятнаццаць
tin-na-neigi

20 дваццаць
twenti

100 сто
hondru

1.000 тысяча
dusun

1.000.000 мільён
milyun

лічбы - nomru

МОВЫ
den tongo

англійская

Ingristongo

англійская (Амерыка)

Amerkan Ingristongo

кітайская мандарынская

Sneisi Mandarijntongo

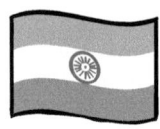

хіндзі

Hinditongo

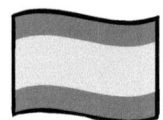

іспанская

Spanyoro

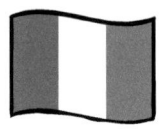

французская

Frans

арабская

Arabiatongo

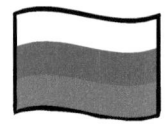

руская

Rusitongo

партугальская

Potogisi

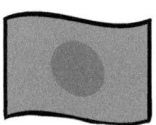

бенгальская

Bengalitongo

нямецкая

Doisritongo

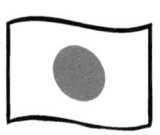

японская

Japantongo

хто / што / як
suma / sang / fa

я
mi

ты
yu

ён / яна / яно
en / en / en

мы
unu

вы
yu

яны
den

хто?
suma?

што?
san?

як?
fa?

дзе?
pe?

калі?
oten?

імя
nen

дзе
ре

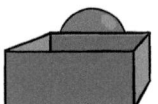

за

baka

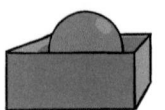

у

ini

перад

fesi

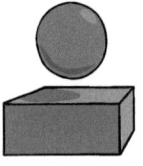

над

abra

на

tapu

пад

ondro

каля

na sei

паміж

mindri

месца

presi